Henri La Fontaine

Le
Collectivisme

essai

ISBN : 978-1523892976

10 9 8 7 6 5 4 3 2 1

Henri La Fontaine

Le Collectivisme

essai

Table de Matières

Préface

Aussi longtemps que les écoles socialistes sont demeurées plus spécialement critiques et théoriques, il a été de bon ton de professer pour elles un dédain inéquivoque ou de leur témoigner une sympathie toute platonique et toute littéraire.

Depuis plusieurs décades la situation s'est brusquement modifiée : le dédain s'est transformé en hostilité, la sympathie s'est transmuée en crainte. C'est que les écoles socialistes ont fait place à un parti socialiste international ; c'est que les critiques et les théories se sont cristallisées en un programme précis et net de réformes immédiates et profondes.

Un mot nouveau a été adopté qui résume admirablement la tendance de ce parti et la portée de ce programme : le collectivisme.

De plus aptes et de plus habiles que nous ont essayé de définir ce mot, pour le combattre ou pour l'exalter. Nous estimons que c'est un de ces mots dont il est difficile et périlleux de vouloir enfermer le sens en une phrase. Le collectivisme, comme du reste l'individualisme qui lui est opposé, s'expliquent, mais ne se définissent pas.

C'est cette explication que nous nous efforcerons de donner du collectivisme, bien persuadés qu'elle ne sera jamais ni complète, ni épuisée. Le collectivisme, en effet, enveloppe la vie sociale toute entière : il est intégral, suivant une expression consacrée, et il est malaisé, pour celui qui a reconnu et senti en quelque sorte la vérité du principe collectiviste, de ne pas relever ou souhaiter son ingérence dans les moindres phénomènes de l'évolution des sociétés de haute culture.

Partie I

I

Pour mieux caractériser le collectivisme, il est utile de montrer tout d'abord ce qui le différencie des diverses conceptions socialistes avec lesquelles, par ignorance souvent, mais plus souvent par tactique, ses adversaires le confondent pour mieux pouvoir le conspuer et le honnir.

On peut affirmer que les conceptions socialistes ont été les phases de croissance d'une idée qui est arrivée à maturité à une époque relativement récente.

Il a fallu que la graine ait germé, qu'une tige se soit élancée, que des feuilles aient surgi, que des fleurs se soient épanouies : désormais les fruits sont noués et le jour de la récolte est proche.

Ces fleurs, se sont les belles et radieuse utopies des Fourrier, des Saint-Simon, des Cabet ; ces fruits, se sont les systèmes organiques, rationnels et positifs des Colins, des Comte, des Malon.

Avant d'aboutir à ces systèmes, à la fois complexes et harmoniques, il était a prévoir que des projets informes et irréalisables seraient proposés et proclamés, que des essais infructueux et stériles seraient tentés.

C'est ainsi que l'humanité n'a cessé de procéder en toutes matières, physiques et intellectuelles. Il serait parfaitement ridicule de soutenir qu'un individu parle mal une langue parce qu'il a commencé par la baragouiner péniblement. Or, c'est là ce que les contempteurs du collectivisme ont inventé de plus ingénieux pour le discréditer.

***

Une confusion fréquente et tout particulièrement injuste est faite par eux entre le collectivisme et le communisme. Le communisme a pour règle essentielle de permettre à chaque individu de jouir de toutes choses à sa guise, selon ses besoins et selon ses caprices ; une telle règle est concevable en une contrée d'une étendue et d'une fertilité exceptionnelle, habitée par une population nomade ou pastorale excessivement réduite.

À notre époque de population dense, une seule chose, avec l'air, est encore commune dans le sens absolu de ce mot : c'est la haute mer, où il est libre à tout homme de jeter ses filets à son gré.

Le collectivisme a pour but d'assurer à la collectivité la possession éminente de tous les moyens de production et de circulation, mais aucun de ses adeptes n'a jamais réclamé pour chaque membre de la collectivité le droit d'user de ces moyens à sa fantaisie.

*

D'autres déclarent que le collectivisme est le partage égal des biens, et de compendieux chapitres ont été écrits pour mentionner l'embarras du petit mangeur devant sa pitance obligatoire, indigeste pour son estomac trop étroit, et la souffrance du gros mangeur, réduit à la portion congrue, alors que son appétit réclame et proteste.

Le collectivisme entend laisser à chacun le produit intégral de son travail et lui permettre de satisfaire librement ses besoins le plus complètement possible ; aucune distribution forcée ne sera organisée ou préconisée. C'est de nos jours que de telles choses se voient, dans les réfectoires des prisons et des casernes, et aux portes des hospices.

*

Enfin, on s'imagine volontiers que le collectivisme fera prévaloir la réglementation outrancière, imaginée par les socialistes étatistes et défendue par certains hommes qui espèrent ainsi pouvoir composer avec les tendances nouvelles et conserver le pouvoir à leur profit et au profit des leurs.

C'est là encore une erreur que les développements ultérieurs de notre étude rendront apparente et certaine. Le collectivisme n'a nul désir de revenir aux formes corporatives ou serviles de jadis : lui seul saura concilier le développement des services publics avec leur autonomie la plus large et la plus indépendante.

II

Le collectivisme est un aboutissement : il est le résultat d'une évolution qui se poursuit depuis longtemps et qui s'affirme autour de nous avec une rare énergie. La tendance collectiviste, opposée à la tendance individualiste, domine tout le développement économique contemporain et elle se manifeste, d'une manière indubitable et précise, pour tout homme impartial qui consent à examiner les événements et à les comprendre.

Trois phénomènes bien nets et bien décisifs en témoignent autour de nous avec une force et une persistance qu'il serait puéril de nier : la concentration des grandes industries entre les mains de quelques individualités de moins en moins nombreuses, l'extension de la coopération de consommation et de production, le développement continu et grandissant des services publics.

*

Le premier de ces phénomènes, qui aboutissent tous à remettre la gestion des biens de ce monde à des collectivités de plus en plus vastes et de plus en plus disciplinées, n'est plus contesté que par des gens intéressés au maintien de l'organisation individualiste.

Il suffit de signaler l'existence de grands magasins, qui ont arraché leur clientèle aux magasins modestes et patriarcaux ; il suffit de signaler les linières, fatales aux tisserands à domicile ; il suffit de signaler les énormes distilleries, enrichies au détriment des bouilleurs de cru.

Mais ce n'est encore là que de la concentration locale en quelque sorte. Il est des concentrations nationales et mondiales, bien autrement puissantes et exemplaires. Elles prouvent d'une manière péremptoire que ce désir instinctif des masses ouvrières d'aboutir à l'organisation internationale du travail, n'est pas une vaine et mensongère utopie.

Parmi les concentrations nationales, il faut citer le trust du papier en Belgique, qui a englobé en une seule coalition tous les fabricants du pays ; il faut citer aussi le trust des charbonniers en Westphalie, qui est parvenu à limiter la production au grand détriment du public qui paie la houille à un prix plus élevé, et au grand dommage du prolétariat qui se trouve privé d'une partie de ses moyens de subsistance ; il faut citer encore l'industrie électrique qui n'est plus représentée dans l'Amérique du Nord que par deux gigantesques compagnies dont la fusion est prévue et prochaine.

Quant aux industries qui ont l'humanité entière pour tributaire et pour clientèle, il en est deux qui sont suffisamment connues pour que nous que nous puissions nous contenter de les nommer : celle de la soude et celle du pétrole.

*

Si d'une part nous voyons ainsi se constituer une véritable féodalité capitaliste, capable de mettre obstacle à toute concurrence et de soumettre à son autorité tous ceux qui, ingénieurs, inventeurs, agents ou manouvriers, se risquent à pénétrer dans sa sphère d'influence, il est d'autre part un phénomène non moins suggestif, c'est l'extension et la multiplication des sociétés coopératives.

Les grands industriels et les grands producteurs ont limité leur activité à des domaines où le nombre des usines et des exploitations était relativement restreint. Les sociétés coopératives au contraire ont eu pour effet d'enlever leurs clients aux petits établissements et aux minimes boutiques.

La boulangerie d'abord, la pharmacie, l'épicerie, l'aunage, la boucherie ont successivement vu surgir en face d'eux des *Maisons du peuple* de plus en plus grandioses et de plus en plus achalandées. Et cette œuvre, toute d'économie et d'épargne à ses débuts, est devenue la grande éducatrice des foules frustes et ignorantes. Elle leur a révélé la force de l'association, elle les a rendu conscientes de leur capacité de gérer de larges entreprises, elle les a surtout habituées à la solidarité, à cette discipline volontaire qui est à la discipline des armées et des administrations ce que l'amour est à la servitude.

*

Le phénomène qui marque le mieux la tendance collectiviste de révolution humaine, c'est le développement prodigieux et colossal des services publics.

Naturellement, les industriels exploiteurs de larges monopoles, les propriétaires accapareurs de vastes territoires, nient que ce développement des services publics soit du collectivisme. Et dans une certaine mesure ils ne se trompent pas.

Lorsque nous examinerons plus loin comment il importe d'organiser l'administration collective des choses, nous verrons en effet que l'organisation, qui a prévalu jusqu'à ce jour, est loin de répondre à la conception que des hommes, imbus des idées de liberté, d'égalité et de fraternité, peuvent se d'un travail à accomplir en commun.

La collectivité n'a guère eu voix au chapitre et ce n'est pas le régime parlementaire, à corps électoral restreint et à système majoritaire, qui a pu la lui donner.

Les services publics sont régis par le gouvernement et les collèges, de manière à avantager les classes dont les collèges et les gouvernements sont l'émanation.

Toute la machinerie administrative est centralisée au profit d'une oligarchie : les administrés existent surtout pour le plus grand bien et le plus clair bénéfice des administrateurs.

Au principe d'autorité, dont les administrations publiques sont une haute et nette expression, les collectivistes veulent substituer le principe de solidarité. Or, c'est là ce qui terrifie messieurs les directeurs, messieurs les patrons et messieurs les rentiers.

Il est donc logique que tous ils protestent avec énergie et avec unanimité, lorsque des publicistes démontrent que les services publics sont déjà des services collectivistes, sauf à modifier, pour les rendre tels, la manière de les gérer.

*

Ce qu'il importe de signaler pour le moment, c'est que les services publics ont presque tous été constitués par une expropriation pour cause d'utilité générale, expropriation avec ou sans indemnité.

C'est ainsi que le roulage et le voiturage sont devenus des messageries concédées, puis des compagnies de chemins de fer, pour se transformer enfin en certains pays, comme la Prusse, la Belgique, la Hollande, en administrations nationales.

Le courrier, serviteur personnel le plus souvent, a disparu devant les développements fantastiques de la poste, et voilà que cette dernière exproprie méthodiquement les banques, avec l'aide de la caisse d'épargne, déjà transformée, par la force des circonstances, en établissement de crédit pour la construction de maisons à bon marché et érigée, par l'ouverture de comptes courants, en concurrente des établissements financiers privés.

Le jour prochain où les banques, pourvues du monopole de l'émission des billets à vue, auront été destituées de leur privilège au profit de chaque nation qui les a tolérées jusqu'à ce jour, leur fusion avec les caisses d'épargne de chaque pays les constituera rapidement en établissements de crédit au profit des coopératives de consommation et de production surtout. Or, ce que nous pouvons affirmer dès maintenant, c'est que rien ne peut enrayer cette évolution qui réalisera, naturellement, et sans frais pour les peuples, une des plus gigantesques expropriations auxquelles les siècles aient assisté.

Les services publics que nous venons d'énumérer forment, avec les télégraphes, les téléphones, les canaux, les ports, les entrepôts, les marchés, la voirie, les ponts, un formidable et complexe organisme de circulation qui, dans presque toutes les contrées civilisées, se trouve pour la plus large part approprié par la collectivité.

L'organisme de production est celui où l'initiative privée est surtout prépondérante encore à l'heure actuelle. Mais ici déjà de sérieuses expropriations ont lieu sous des formes multiples et embryonnaires.

La production du gaz et de l'électricité, l'adduction de l'eau, la fabrication de l'alcool, des allumettes, du tabac, du sel, de la monnaie, l'exploitation communale des alpages, des bois, des bruyères, des fagnes, des landes, sont autant d'exemples de la possibilité d'une gestion centralisé et publique d'établissements industriels ou agricoles.

La collectivités s'est emparée encore de certains services de protection d'une nature tout spécialement délicate.

Nous désignons ainsi notamment l'hospitalisation des vieillards, des invalides, des aliénés, des rachitiques, des malades surtout ; puis encore la surveillance, si difficile et si méticuleuse, de l'hygiène, ces vastes réseaux de conduites qui débarrassent les villes de leurs énormes résidus quotidiens, l'examen des produits alimentaires et la poursuite des falsifications.

D'autre part, comment ne pas signaler et admirer ces organismes, plus pesants à manœuvrer et plus dispendieux à oser, ces organismes de massacre et de ruine, qui plient désormais les peuples entiers sous une identique discipline et une charge identique, les armées ? La collectivité a eu cette audace de loger, d'habiller, de nourrir, de convoyer, de secourir, en des circonstances où le désordre et l'incurie seraient, excusables et excusés, des millions et des millions de soldats.

Et c'est lorsque des sociétés humaines sont parvenues, par un prodige d'inhumanité, à préparer, dans ses moindres détails, une telle œuvre de mort, de massacre, que l'on ose objecter à ceux qui vont porter aux foules la bonne parole du collectivisme, que les sociétés humaines sont incapables, par un prodige d'amour, de faire œuvre de vie !

Cela sera pourtant, parce que, ainsi que nous venons de l'esquisser, cela est. Comme le bourgeon est né sous la feuille qui tombe et sera la feuille de demain, ainsi, sous les apparences sociales contemporaines, nous trouvons formées déjà, créées en puissance et vivaces, les réalités sociales prochaines.

III

Donc, vous préconisez le fonctionnarisme, vous l'indiquez comme le mode nécessaire et fatal de l'administration et de l'exploitation des choses : tel est le reproche que des adversaires vont nous objecter.

Le fonctionnarisme, mais il est le résultat le plus néfaste et le plus direct du régime capitaliste que l'humanité subit depuis un siècle.

La foule immense est en réalité une foule de fonctionnaires à la solde de quelques coteries d'actionnaires et de politiciens.

Et la foule est si peu hostile au fonctionnarisme qu'elle se précipite en rangs serrés et compacts, dès que, pour de modestes fonctions, des candidatures sont sollicitées. Nous n'avons pas oublié ce simple fait divers, reproduit par les journaux parmi les méfaits et les sinistres : plus de deux mille récipiendaires inscrits pour soixante places de gardes de chemin de fer.

Ainsi, trente appelés et un élu, joyeux d'entrer dans cette enfer : car, malgré son uniforme, qu'il pleuve ou qu'il vente, parmi la poussière et la fumée, il lui faudra, de nuit et de jour, circuler le long des trains, et il s'estimera heureux, car il est fonctionnaire. Oui, voilà un méfait et voilà un sinistre.

*

Dans notre société contemporaine, il est deux espèces de fonctionnarisme : l'un que l'on pourrait dénommer le fonctionnarisme officiel, et l'autre que nous appellerons le fonctionnarisme libre.

Le fonctionnarisme libre est celui des grandes usines, des grandes banques, des grandes cultures, des grandes linières ; il a pour caractéristique de ne donner aucune sécurité, aucune garantie à ceux qu'il enrégimente dans ses cadres : les patrons et les administrateurs ont un véritable droit de vie et de mort sur leurs ingénieurs, leurs employés et leurs ouvriers. C'est à peine si un renvoi intempestif assure à celui qui ose se plaindre une légère et dérisoire indemnité.

Le fonctionnarisme officiel est celui des services publics communaux, provinciaux et gouvernementaux ; la discipline qu'il impose est parfois sévère et implacable, mais elle n'est certes ni plus implacable ni plus sévère que celle des entreprises privées.

Mais ce qui attire vers lui la vaste majorité des déshérités et des besogneux, à quelque rang social qu'ils soient placés et malgré le chiffre parfois mesquin des traitements, c'est un avantage à la fois moral et matériel.

Le fonctionnaire public est honoré, et son uniforme, réduit souvent au port obligatoire d'une écharpe ou d'une casquette, symbolise en quelque sorte cette honorabilité. Le fonctionnaire public a la certitude en outre de ne pas mourir de faim s'il devient impotent, de recevoir une pension s'il devient vieux, d'assurer à sa veuve et à ses enfants des secours et d'une aide s'il succombe prématurément.

*

Or, c'est là que nous saisissons pour ainsi dire sur le fait ce que la plupart des hommes souhaitent et désirent. Le fonctionnarisme n'est pas redouté par eux : il n'est redouté que par ceux qui l'ont organisé et qui le maintiennent tel qu'il est de nos jours, pour éterniser leur opulence et perpétuer leurs sinécures.

Les hommes, les hommes taillables et corvéables, tiennent surtout à assurer leur avenir et l'avenir de ceux qu'ils aiment et qui les aiment, et ils tiennent encore à ce que leur labeur ne les signale pas au mépris public et au dédain.

Les charmes d'une concurrence effrénée, avec ses menaces de pertes imprévues et de déconfitures possibles, ne les attirent guère ; les beautés de l'épargne, guettée par les manieurs d'affaires et raflée trop souvent par des escrocs de haut vol, ne parviennent pas à les séduire.

À ces dangers permanents et inévitables, ils préfèrent la collaboration à une œuvre collective qui leur donne le pain quotidien, sans risques et sans soucis, et qui, pour leur vieillesse, leur garantit des loisirs et des ressources.

Et voilà pourquoi le fonctionnarisme n'effraie pas la foule humaine, et voilà pourquoi elle ne repoussera pas le collectivisme, parce qu'il préconise le fonctionnarisme.

Henri La Fontaine

*

Mais elle le repoussera d'autant moins que le collectivisme a précisément pour but de transformer le fonctionnarisme en une hiérarchie coopérative, et d'assurer aux fonctionnaires une part de gestion dans l'œuvre commune à laquelle ils collaboreront.

Déjà, en plein régime capitaliste, les fonctionnaires sentent la nécessité de transformations qui s'imposent. Partout, dans tous les pays, des hommes osent élever la voix en leur faveur et réclament pour eux le droit de délibérer sur leur sort et de critiquer les administrations dont ils ne sont actuellement que les serfs et les valets.

Le collectivisme ne veut pas seulement leur garantir ce droit de délibération et de critique : il veut les émanciper complètement, il veut qu'ils soient les administrateurs réels et directs de leur administration, il veut qu'ils s'immiscent dans la gestion du service dont ils sont les agents actifs et compétents, il veut qu'ils soient intéressés à la prospérité de ce service.

Et cette simple réforme, si aisée à comprendre et si facile à réaliser, doit non seulement dissiper les craintes et les terreurs de ceux qui redoutent que le collectivisme ne transforme le monde en une énorme caserne ou en un bagne énorme, mais encore elle assurera au travail l'estime et le respect auxquels il a droit.

L'honorabilité ne s'attachera plus à l'uniforme, à la casquette ou à l'écharpe, elle sera le privilège de tous les travailleurs et, par conséquent, de tous les hommes. Car le fonctionnarisme tel que le collectivisme l'instaurera, sera celui d'un vaste atelier coopératif : il fera de la société humaine une colossale et fraternelle société en participation où chacun sera estimé et respecté en raison de ses efforts et de son dévouement.

IV

Quels sont les avantages de la concentration, tant capitaliste que coopérative ou publique, des industries humaines ?

La concentration capitaliste a pour premier effet de supprimer la concurrence et d'éviter ainsi un gaspillage effrayant et désastreux de ressources et d'efforts, gaspillage dont il est difficile de se faire une idée exacte. Un seul exemple : les cinq manufactures de tabacs qui se coalisèrent en 1894 en Amérique, dépensaient par an avant leur entente, rien que pour s'enlever mutuellement leur clientèle, une somme de trois millions de dollars, de quinze millions de francs !

Que dépensent nos marchands de savon et nos fabricants de cacao, dont les affiches et les annonces envahissent nos murs et nos gazettes ?

Possibilité donc de restreindre les frais généraux et de maintenir de formidables bénéfices sans augmenter le prix des produits.

La concentration permet à tous les coalisés de profiter des perfectionnements du machinisme, alors que précédemment chacun d'eux cherchait à s'assurer le monopole d'une invention nouvelle, pour mieux vaincre ses compétiteurs.

Enfin les achats des matières premières peuvent s'organiser d'une manière beaucoup moins onéreuse et les livraisons des marchandises ouvrées se répartir entre les usines, de manière à permettre une réduction énorme des frais de transport et de manutention.

La concentration coopérative, par la suppression des intermédiaires et des revendeurs, par la limitation des bénéfices à un taux infime, par l'achat en gros fait directement au producteur, par la facilité de soumettre les produits achetés à l'examen d'experts compétents, assure aux coopérateurs les avantages d'un bon marché exceptionnel, joints à la certitude d'obtenir des objets d'une qualité supérieure.

Par l'obligation pour les participants de payer comptant, elle supprime encore la lourde charge que la vente à crédit a fait poser jusqu'à ce jour sur presque tous les budgets ouvriers.

Quant à la concentration publique, elle permet aux gouvernements de dégrever les contribuables ou tout au moins met obstacle à l'établissement d'impôts nouveaux. Il est certain que si les chemins de fer belges n'étaient pas exploités au profit de la collectivité, le gouvernement devrait réclamer aux citoyens, sous la forme de contributions directes ou indirectes, les dix millions de profits que cette exploitation lui fait encaisser bon an mal an.

Il est de la dernière évidence que si la collectivité possédait d'autres exploitations lucratives, comme celle des charbonnages, par exemple, ou de la rectification des alcools, il lui serait loi-

sible de diminuer ou de supprimer certains impôts, particulièrement lourds et incommodes à percevoir, comme les accises et
les douanes. Sans compter qu'une large part des bénéfices serait
consacrée à améliorer le sort du personnel, à lui fournir un salaire
normal convenable, à lui garantir une assurance contre tous les
risques de la vie.

Il est bon de faire remarquer ici la différence essentielle qui existe
entre la concentration capitaliste, la concentration coopérative et
la concentration publique, au point de vue de la rémunération des
travailleurs.

Autant la concentration publique ou collective permet une aug-
mentation des salaires, autant la concentration capitaliste ou privée en provoque l'affaissement.

En effet, par les simplifications et les améliorations qu'une
concentration amène toujours avec elle, les patrons sont conduits
à licencier une parie de leur personnel et l'automatisme de plus en
plus grand des appareils permet précisément, le plus souvent, de
licencier les travailleurs dont les salaires sont les plus élevés. Il en
résulte que la masse ouvrière dispose de ressources de plus en plus
restreintes et que le nombre, chaque année croissant, des ouvriers
sans travail déprime encore les salaires.

Il se produit, au surplus, un autre phénomène : c'est que la concentration capitaliste permet aux producteurs de majorer quelque peu
le prix de leurs produits, puisqu'ils n'ont plus de concurrents à
redouter, et de diminuer ainsi la force d'achat des salaires, ce qui
assure par surcroît une rentrée plus rapide dans leurs caisses des
sommes qui en étaient sorties.

Quant à la concentration coopérative, elle augmente, au rebours
de la concentration capitaliste, la force d'achat des salaires. Il est
vrai que les gérants et les administrateurs des entreprises privées
profitent souvent de cette circonstance pour offrir à leurs ouvriers
un salaire réduit, les travailleurs, en effet, pouvant avec un tel salaire satisfaire leurs besoins comme ils les satisfaisaient auparavant
avec un salaire supérieur.

Seulement les miséreux, qui ont pu se nourrir mieux pendant
quelques jours, qui ont accumulé du superflu et entrevu la possibilité de vivre une vie plus aisée, ne renoncent plus à cet espoir et à

ce désir. L'obligation où ils se sont trouvés de se grouper, de se réunir, de délibérer, la conscience qu'ils ont acquise de leurs facultés administratives, la certitude dont ils sont imbus désormais qu'ils sont aussi capables que leurs patrons de gérer de vastes entreprises avec ordre, avec économie, avec discipline, les a transformés, les a convaincus, les a enthousiasmés.

Ils ont compris que la concentration publique, sous la forme d'une concentration coopérative, assurera à la collectivité des travailleurs tous les avantages et tous les bénéfices de la concentration capitaliste.

Tout le collectivisme est en germe dans cette simple idée.

V

Comment passer de la forme capitaliste de la production à la forme collective ou collectiviste ?

Tel est le problème qui devrait préoccuper tous ceux qui s'intéressent réellement à l'amélioration du sort des foules humaines.

Tous les hommes politiques, tous les administrateurs publics, tous les penseurs devraient ne songer qu'à cet unique et redoutable problème.

Il faudrait qu'en un identique et géant élan d'amour pour tous les déshérités et tous les miséreux, les moindres bonnes volontés se liguent, se soutiennent, s'additionnent.

Malheureusement, nous vivons à une époque de scepticisme rare et de dilettantisme élégant : les gens préfèrent pleurer leurs illusions perdues que de croire à la venue de temps nouveaux. Ils dirigent obstinément leurs yeux vers la nuit qui leur enveloppe encore et se refusent à regarder derrière eux se lever les premières lueurs de l'aube prochaine.

Il faut prévoir dès lors les cataclysmes nécessaires et savoir que l'évolution, désirée par les meilleurs d'entre nous, peut devoir céder le pas à une révolution brutale et brusque.

*

Que serait cette révolution ? Elle serait la reprise directe, sans indemnité préalable, de toutes les richesses mobilières et immobilières accumulées entre les mains des individus isolés.

Henri La Fontaine

De telles reprises ont été effectuées déjà, lorsque la bourgeoisie enleva à la noblesse le sol qu'elle détenait, lorsque l'esclavage fut aboli dans les diverses contrées américaines.

Il y eut des protestations, des luttes sanglantes, des massacres, des guerres, mais l'œuvre accomplie fut maintenue, car la minorité, était trop infime pour pouvoir se rebiffer utilement et victorieusement.

Et ce fait a prouvé que les révolutionnaires avaient obéi à la vraie loi du progrès et que leur acte de force était un acte de justice.

À l'heure actuelle, une minorité plus infime et plus faible que ne le furent les nobilions de jadis et les esclavagistes de hier, semble vouloir s'opposer aux transformations inévitables et fatales. Elle aussi songe à opposer aux masses ouvrières et populaires des refus catégoriques et secs, elle dénie le pouvoir éminent que la société revendique sur les produits entassés par les générations mortes.

Ce pouvoir éminent, des rois et des princes l'ont exercé et l'ont détenu, jusqu'au jour où des oligarchies, plus nombreuses qu'eux, s'en sont emparées à leur tour. Elles aussi l'ont détenu et l'ont exercé, malgré les menaces, jusqu'à l'heure où des trafiquants et des industriels plus nombreux qu'eux, les ont destituées et exilées sans merci.

Cette fois, c'est la masse grouillante et pullulante des manouvriers et des valets qui réclame et qui exige, combien plus nombreuse que ceux qui espèrent, en leur morgue, la vaincre et la repousser.

C'est l'humanité qui veut rentrer en possession de son domaine : cela est juste, cela est légitime, cela sera. Contre le droit absolu, il n'est point de prescription. Ce droit sera édicté et imposé révolutionnairement, parce qu'il est le droit.

Il dépend de ceux qui détiennent et qui possèdent qu'il n'en soit pas ainsi et qu'une évolution calme évite aux peuples les terreurs et les horreurs d'une révolution.

Comment imaginer une évolution qui puisse à la fois se réaliser paisible et se réaliser rapide ? Car de tels appétits sont nés qu'il faudra les satisfaire avec une activité fiévreuse.

Le principe évolutif est évidemment l'expropriation, l'expropriation directe ou indirecte. Ce double mode d'expropriation opère sous vos yeux. Il importe simplement d'en accélérer la marche, comme le savant dans son laboratoire précipite en quelques instants telle réaction chimique accomplie par les agents naturels avec des lenteurs séculaires.

L'expropriation indirecte est celle que les coopératives et les institutions locales, comme des pharmacies communales, des boucheries et des épiceries régionales, réalisent au détriment des petits négociants et des petits détaillants. Ces derniers se trouvent acculés à la nécessité d'échanger leur situation contre des fonctions moins lucratives sans doute, mais mieux garanties et plus certaines.

Les organismes ainsi créés ne diminuent du reste pas, en fait, la position sociale de ceux qui sont obligés d'en devenir les agents. Au point de vue honorifique, ainsi que nous l'avons indiqué déjà, ils ne peuvent qu'y gagner ; au point de vue pécunier, la force d'achat de leurs appointements augmente, car les coopératives et les magasins municipaux ont précisément pour principal résultat de réduire le prix des victuailles et des objets de première utilité à des taux aussi bas que possible.

La première œuvre à poursuivre, à préconiser, à provoquer au besoin, est donc de faciliter l'établissement et l'épanouissement progressif des coopératives libres et des boutiques collectives. Ces dernières, pour des motifs d'hygiène, auraient plus spécialement pour objet l'achat et la vente de produits sujets à des falsifications faciles comme les épices, les drogueries, les boissons ; les coopératives continueraient comme elles le font déjà, à exploiter la boulangerie, la boucherie, la lingerie et la confection.

*

Après avoir montré comment l'expropriation des petits industriels et des petits négociants peut s'opérer par le développement normal et simplement accéléré des coopératives de consommation et de production, il importe de déterminer comment l'expropriation des grands industriels et des grands négociants peut se réaliser sans provoquer de cataclysmes ou de crises.

On peut imaginer trois procédés qu'il sera loisible d'appliquer séparément ou collectivement : l'expropriation pour cause d'utilité publique, l'impôt largement progressif sur les successions, la création de vastes usines ou de vastes comptoirs par la collectivité.

Henri La Fontaine

C'est évidemment le dernier mode préconisé dont la réalisation offrirait le plus de difficultés et qu'il ne faudrait appliquer que si les intéressés parvenaient, par une coalition étroite, à rendre onéreuse toute tentative d'expropriation directe, par l'obligation imposée par eux à la collectivité de racheter en bloc tous les établissements.

*

Un impôt progressif sur les successions, par le fait qu'il n'atteint les fortunes qu'après le décès de leurs propriétaires, est certes le mode le plus simple et le plus aisé de rendre collective la propriété privée.

Mais pour qu'un tel impôt soit efficace, il faut que la collectivité ne fasse pas rentrer dans la circulation, les biens meubles ou immeubles dont elle se trouverait nantie. Il faut qu'elle les accumule et les conserve, et ne consacre, aux dépenses publiques, que les seuls revenus des biens ainsi acquis par elle.

Ce n'est que de cette manière que tout ce qui constitue actuellement les fortunes individuelles peut devenir, dans un délai relativement court, la fortune collective de tous les citoyens. Il est apparent que les revenus, qui sont attribués de nos jours aux quelques détenteurs privilégiés des biens meubles et immeubles, créances et terres, se transformeraient en revenus publics ; il serait possible dès lors de diminuer les impôts directs et indirects, il serait sans doute possible de les supprimer graduellement, il serait possible encore de rendre successivement gratuits tous les services publics. Il en résulterait un enrichissement considérable des classes populaires, dont le salaire se trouverait libéré de charges énormes et acquerrait ainsi une force d'achat de plus en plus considérable.

Quant à l'expropriation pour cause d'utilité publique, elle aurait lieu selon les formes usitées, moyennant une juste et préalable indemnité. Il n'y aurait lieu que de délibérer sur ce qu'il faut entendre par une juste indemnité. Certes, les possesseurs actuels des charbonnages, des linières, des tissages ont, à ce point de vue, de bien étranges prétentions. Ils s'imaginent volontiers que la plus-value de leurs actions, provenant de l'état du marché, de spéculations de bourse, de mesures douanières plus ou moins prohibitives, de tarifs de transport dérisoirement abaissés, de trusts ou de cartels, est une plus-value légitime et respectable, dont il y aura lieu de tenir compte et qu'il faudra évaluer.

Il ne peut évidemment s'agir d'une pareille indemnité : les circonstances invoquées sont de leur nature aléatoires, passagères et factices. Il suffira de quelques mesures préliminaires pour en démontrer l'inanité. Il suffira d'interdire les coalitions capitalistes, d'ouvrir les frontières, d'unifier les tarifs, pour que toute la plus-value invoquée s'évanouisse et s'évapore.

L'indemnité doit correspondre à la valeur réelle des ateliers expropriés, des outils et des appareils rachetés.

Quant à la liquidation des sommes ainsi calculées, il sera loisible de la faciliter singulièrement.

Comme il sera malaisé pour les capitalistes, de réemployer les capitaux dont le remboursement leur sera assuré, l'offre, par la collectivité, de leur remettre des titres de rente, en échange de leurs créances, sera probablement accueillie avec gratitude.

Il sera suffisant, dans la plupart des cas, de chiffrer, à leur juste valeur, les actions, les obligations ou les parts représentatives des grands établissements du pays et d'en inscrire le montant, au nom des divers porteurs, sur le grand livre de la dette publique.

VI

On s'imagine communément que la nationalisation du sol et de l'outillage industriel, si elle doit unifier la situation des citoyens, les réduira tous à une misère pareille.

Il suffit de prendre, pour base de nos calculs, les chiffres officiels qui n'ont pas été combinés pour les besoins de notre cause, pour en dégager des conclusions tout autrement optimistes.

Le gouvernement saxon a publié récemment la statistique suivante, qui a servi, en 1892, au prélèvement de l'impôt sur le revenu :

Classes	Contribuables				Revenus en marcs			
I	950.000	soit	66.06	%	477.350.154	soit	31,29	%
2	438.784	»	30,51	»	589.191.748	»	38,62	»
3	38.796	»	2,70	»	198.805.510	»	13,03	»
4	10.537	»	0,73	»	260.143.761	»	17.05	»

On remarquera immédiatement que les citoyens des deux classes supérieures, soit 49.333 contribuables, représentent 3.43 p. c. de la population et jouissent néanmoins d'un revenu de 458.949.271 marcs, équivalant à 30.09 p. c. du revenu total de la nation. Leur situation est égale à celle des 950.000 contribuables de la classe inférieure.

L'expropriation du revenu prélevé par les classes privilégiées de Saxe permettrait de doubler les ressources des citoyens les plus pauvres de ce pays : il en résulterait un développement de toutes les industries, qui assurent la satisfaction des nécessités ordinaires de la vie, et les classes moyennes seraient les premières à en profiter.

Les 49.333 contribuables des classes supérieures, rejetés dans les rangs de la classe moyenne, trouveraient aisément, à raison du mouvement économique qui serait provoqué par l'amélioration du sort des hommes des classes inférieures, à employer utilement et lucrativement leur activité.

Nous osons affirmer que toutes les statistiques qui seront publiées en Saxe et ailleurs, relatives aux ressources des diverses classes sociales, fourniront des données identiques et permettront d'en tirer d'identiques conclusions.

Il a été dit notamment qu'un partage égal du capital accumulé en Belgique, ne modifierait guère la situation des classes déshéritées. C'est là une erreur manifeste.

Le capital belge a été évalué à trente milliards, ce qui équivaut à cinq mille francs par habitant, soit vingt-cinq mille francs environ par famille moyenne.

Si l'on suppose que ce capital n'assure qu'un revenu de 3 p. c., revenu évidemment fort inférieur au revenu réel, les ressources de chaque famille se chiffreraient par 750 francs, qui viendraient s'ajouter au salaire familial.

On peut en inférer que l'ouvrier belge verrait en cette hypothèse, comme l'ouvrier saxon, sa force économique largement doublée. Cette amélioration provoquerait nécessairement et fatalement une expansion industrielle que tout homme de bonne volonté et de bon sens doit appeler de tous ses vœux.

*

Il importe de faire remarquer que l'introduction du régime collectiviste, ainsi précisé, n'aurait pas pour conséquence de mettre le pays qui l'appliquera, dans un état d'infériorité au point de vue international. Il est évident qu'un ouvrier qui jouit déjà d'un revenu annuel de 750 fr. sera plus disposé à accepter une légère diminution de salaire, si elle doit permettre d'augmenter la productivité de la nation, sa force d'échanger et amener ainsi l'introduction plus aisée de matières premières ou de produits que d'autres nations peuvent fournir à des prix avantageux.

*

Pour résumer, en une courte phrase, la situation qui serait le résultat de l'appropriation collective des richesses, telle que nous l'avons esquissée, nous ne pouvons mieux faire que d'assimiler la collectivité à une vaste société anonyme dont chaque citoyen serait un actionnaire. Seulement, dans cette société tous les actionnaires auront des droits et des avantages égaux.

L'inégalité ne dérivera pour eux que de l'inégalité des efforts qu'ils dépenseront pour faire fructifier le patrimoine commun, à moins que cette inégalité des efforts ne provienne d'une cause indépendante de leur volonté : défauts physiques, faiblesse congénitale, infériorité intellectuelle, aptitudes restreintes, vieille ou maladie.

C'est donc de la gestion, de l'administration, de la mise en valeur du patrimoine commun que dépendront et le revenu social, et le revenu individuel.

Une collectivité sera d'autant plus prospère et plus riche, que ses membres seront plus disposés à accumuler leurs efforts et plus aptes à rendre ces efforts aussi efficaces et aussi productifs que possible.

Partie II

VII

Comment assurer cette corrélation des efforts ? Trois procédés permettent d'obtenir des hommes leur collaboration forcée ou volontaire : la corvée, l'égoïsme, l'autorité. Actuellement, comme jadis, ces trois procédés sont appliqués mais d'une manière désordonnée et empirique.

La corvée a pesé pendant des siècles sur les populations féodales et coloniales : elle a amené leur écrasement ou leur soulèvement, parce qu'elle avait pour but unique d'assurer l'enrichissement d'une classe infime au détriment de masses ignorantes ou terrorisées.

L'égoïsme, sous sa forme vantée de l'initiative privée, a certes provoqué l'édification de fortunes colossales, mais au prix de misères imméritées pour des foules d'ouvriers, d'ouvrières et d'enfants.

L'autorité s'est emparée et s'empare encore sous nos yeux d'entreprises gigantesques, mais elles lui servent à créer, autour de quelques groupes de politiciens habiles, une tourbe de clients faméliques et apeurés.

Les trois procédés ont abouti à un asservissement des multitudes au profit de minimes oligarchies nobiliaires, financières ou gouvernementales. Ils ont abouti là, parce qu'ils ont été maniés par des minorités contre des majorités. Et il importe de se demander si, maniés par des majorités contre des minorités, maniés par des unanimités, les profits qu'ils ont assurés à quelques individus ne pourront pas se multiplier d'une manière fantastique, pour la plus haute joie et la définitive délivrance de tous les hommes. Et ainsi serait réalisée, une fois de plus, par un acte de solidarité et d'amour, la légende biblique de la multiplication des pains.

*

Les trois procédés que nous venons d'énumérer, semblent, en effet, devoir se combiner dans un organisme social parfait.

Il existe en effet des labeurs auxquels la plupart des hommes chercheraient à se soustraire, à cause du discrédit dont, à tort ou à raison, l'opinion publique a affublé certains métiers.

Il existe d'autre part des services, qui intéressent tous les citoyens à un égal degré et que, pour ce motif, la collectivité seule peut organiser de manière à ce que dans le moindre bourg les bénéfices en soient acquis à tous et à chacun.

Il existe enfin des professions dont il est loisible d'abandonner l'exercice à la libre expansion des volontés individuelles.

Les labeurs de la première catégorie, parmi lesquels oh peut ranger la voirie, la police, l'hygiène seront imposés, s'il est nécessaire, à titre de corvée, comme l'encasernement militaire est imposé aux peuples contemporains.

Les services de la seconde catégorie sont ceux qui ont pour objet la distribution des richesses intellectuelles et matérielles, l'instruction, la poste, les télégraphes et les téléphones, les routes, les canaux et les ports, le crédit et la banque, et, dans une certaine mesure, l'éclairage, le chauffage, la force motrice.

Il serait en effet impossible à des entreprises privées de créer de tels services dans des contrées écartées, dont les habitants ont cependant droit à une vie intégrale, aussi bien que les habitants d'une ville peuplée et dense.

Quant aux multiples industries productives, il ne semble y avoir aucun inconvénient à en abandonner la direction à des syndicats volontairement constitués. Il importera seulement de veiller à ce que ces syndicats ne se transforment pas en des groupes de capitalistes, assez adroits pour profiter du travail de subalternes et de salariés. Sous cette unique interdiction, il sera possible de leur confier l'exploitation des terres et des usines collectives, moyennant une juste rémunération au profit de la collectivité.

*

Il serait certes téméraire de notre part d'affirmer que l'organisation future de la production, de la circulation et de là répartition des richesses s'opérera fatalement ainsi que nous l'avons indiqué.

Il se peut que les progrès de l'électricité, la manière de la récolter et de la distribuer, l'invention de nouvelles méthodes pour l'obtention de tel ou tel produit, la création de machines plus perfectionnées, mais plus délicates et plus chères, obligent à concentrer d'une manière plus stricte et plus complète toutes les industries d'un pays. Il se peut aussi que le travail à domicile devienne plus aisé à organiser, plus facile et plus lucratif que la malsaine promiscuité de nos gigantesques établissements modernes.

L'humanité a subi des transformations si profondes, si rapides et si inattendues déjà, que nous ne pouvons que suggérer des solutions, pour le cas où les choses demeureraient ce qu'elles sont actuellement ou n'évolueraient que d'une manière placide, lente et séculaire.

Que ce soit la corvée, l'autorité ou l'initiative qui président à l'organisation de la production, de la circulation et de la distribution des richesses, cette organisation n'en assurera pas moins aux divers collaborateurs, depuis les plus infimes et les plus modestes travailleurs jusqu'aux directeurs des usines et des manufactures, une participation efficace et directe à la gestion des affaires communes.

C'est ce que nous avons indiqué déjà lorsque nous avons montré combien le fonctionnarisme collectiviste différera du fonctionnarisme gouvernemental actuel.

Il s'agira en effet d'assurer la meilleure et la plus économique administration des choses, et non de fournir, aux créatures domestiquées et serviles de tel ou tel parti politique, la récompense de services rendus.

*

En principe, le choix des chefs d'atelier, depuis le porion de la mine jusqu'au titulaire d'un ministère, sera confié aux subalternes dont ils seront appelés à diriger les efforts.

De nos jours, l'incompétence des hommes chargés de veiller à la bonne marche dos affaires publiques est évidente et criarde.

Un avocat est préposé à la gestion des chemins de fer, un industriel dirige l'agriculture, un négociant s'occupe de littérature et d'art, l'instruction est confiée à un monsieur qui n'a jamais professé un cours quelconque.

Malgré toute leur bonne volonté, ils sont obligés de s'en référer à des bureaucrates dont toute la carrière a eu pour objectif d'arriver aux plus hauts grades, par des manœuvres habiles et de savantes protections.

L'employé a fait l'objet d'études psychologiques qui nous l'ont dépeint avec ses uniques préoccupations d'avancement et son constant désir d'améliorer sa situation. La fonction pour lui n'est qu'un moyen : elle n'est jamais le but, à de rares et belles exceptions près.

*

Le collectivisme affirme l'équivalence des fonctions : il ne croit pas que l'individu qui occupe une fonction qualifiée de supérieure, se dépense plus que celui qui peine comme manouvrier ou comme journalier. Il a simplement des aptitudes spéciales, qui lui permettent de remplir telle ou telle mission intellectuelle au lieu d'accomplir telle ou telle besogne manuelle.

Il importe dès lors de rendre toutes les fonctions à peu près égales au point de vue des émoluments qu'elles assurent : un homme qui cherche à sortir des rangs de ses égaux et à accepter la responsabilité de les mener et de coordonner leurs labeurs, ne sera dès lors plus guidé par une pensée de gain et de lucre, mais par la conscience de ses capacités et un sentiment de dévouement et d'abnégation.

Par le fait que ceux qui acceptent ses ordres, l'ont désigné et choisi par leurs votes et leur assentiment, son autorité sera plus réelle et la discipline qu'il exigera sera vraiment volontaire et fraternelle.

La surveillance de ses actes ne sera plus exercée par des inspecteurs attitrés mais par ses pairs, et la sanction qui le frappera éventuellement ne sera pas une destitution infligée comme une peine, mais un témoignage de son incompétence.

Or, nul ne voudra se risquer à subir un tel jugement s'il n'a pas la certitude de pouvoir exercer, à la pleine satisfaction de ses collaborateurs, la fonction qu'il aura sollicitée ou pour laquelle on l'aura sollicité.

*

Est-ce à dire que cette équivalence des fonctions et cette égalité des salaires soient absolues et que le collectivisme les pose comme des bases fondamentales et essentielles ?

Cela n'est pas. Il s'établira évidemment une certaine hiérarchie, non pas créée, comme maintenant, par une autorité centrale, par un pouvoir souverain, parlementaire ou monarchique : cette hiérarchie sera instituée par la force des circonstances.

Telles ou telles fonctions, par la responsabilité grave qu'elles feront peser sur ceux qui en seront les titulaires, éloigneront les candidats et il ne sera possible de trouver des individualités disposées à les briguer que si des appointements proportionnés aux risques sont attribués à ceux qui accepteront ces fonctions délicates ou difficiles.

Il est probable qu'un phénomène identique se produira pour toutes les fonctions spéciales suivant une gradation équitable et naturelle. Et ce phénomène sera d'autant plus intense que la situation normale du travailleur ordinaire sera plus lucrative et plus honorée.

Une meilleure et plus juste répartition des richesses aura donc pour effet direct d'appeler aux fonctions spéciales les spécialistes les plus aptes et l'enrichissement de la grande masse d'un peuple assurera précisément aux hommes les plus capables une rémunération d'autant plus haute que la fortune générale sera plus grande et sera mieux distribuée.

C'est là un point de vue capital auquel il importe que tout homme impartial se pose, s'il veut avoir du collectivisme une idée exacte et saine.

Il est à remarquer que les déductions fort brèves que nous venons de résumer prouvent qu'il est entre les idées libertaires et les idées collectivistes des relations intimes et que le collectivisme ne doit nullement, comme le répètent sottement la plupart de ses détracteurs, nous mener vers un nivellement absolu et vers un caporalisme insoutenable.

VIII

Après avoir exposé, brièvement, les motifs qui nous permettent d'affirmer avec énergie que le collectivisme sera la forme prochaine de l'organisation sociale, après avoir indiqué comment cette forme pourra se dégager normalement de la société actuelle et comment on peut concevoir la gestion du patrimoine collectif, il nous reste à répondre aux multiples et principales objections que l'on s'efforce de nous opposer.

Le collectivisme doit détruire les bases essentielles de toute société : la propriété, la famille, la religion ! Plus de prévoyance, plus d'épargne, plus de luxe ! Prime à la paresse ! Suppression de la liberté ! Impossibilité de produire ce qui serait nécessaire à la satisfaction des besoins exaltés et hypertrophiés ! L'égalité et la fraternité sont irréalisables : lutte pour la vie est la cause et la condition du progrès

*

La propriété, la famille, la religion : telle est la trinité économique imposée et adorée comme un dogme. Quelle propriété ? Quelle famille ? Quelle religion ?

On semble ignorer que la propriété a évolué depuis les temps les plus reculés et qu'elle se modifie encore sous nos yeux.

L'humanité a connu la simple possession précaire, la possession commune ; elle a institué le partage renouvelé du sol ; elle a connu la propriété féodale avec les droits de primogéniture et de masculinité.

Et voilà que la propriété est devenue un droit absolu d'user et d'abuser et un brocard est cité, tronqué et faussé : *jus utendi et abutendi*, mais, ajoutait sagement le légiste antique, *quatinus jus patetur*.

Déjà, pourtant, les esprits les plus rétrogrades se décident à réfléchir et la théorie du pouvoir éminent de la collectivité a été formulée. Des pères de l'église chrétienne reviennent aux principes primitifs de la primitive église. Une limitation des droits du propriétaire est admise et affirmée. La nationalisation du sol trouve des défenseurs dans les rangs des conservateurs les plus arriérés.

Ce sont là des signes et des tendances sans réplique. Tout change, la propriété comme les autres institutions humaines, et c'est vers une prise de possession de la terre par la collectivité que s'oriente l'évolution contemporaine.

Le domaine collectif s'étend et l'expropriation pour cause d'utilité publique est la preuve tangible qu'un principe nouveau s'impose aux hommes malgré eux.

*

Au surplus, cette destruction de la propriété est une pure utopie.

Lorsque les principales et essentielles richesses mondiales appartiendront à la collectivité humaine, elle ne les détiendra pas moins à titre de propriétaire.

Ce sera pour en user au profit de tous, comme les détenteurs actuels en usent à leur seul profit.

Et la propriété individuelle continuera à exister pour tous les objets qui sont destinés à satisfaire aux besoins de chacun, dans des conditions pareilles à celles que les siècles ont consacrées. La seule appropriation des choses, dans l'unique but de les écouler à des prix usuraires, sera entravée et rendue illusoire.

Henri La Fontaine

Supprimer la propriété, supprimer l'appropriation des choses mobilières et immobilières, serait une entreprise parfaitement ridicule et irréalisable.

Il faudrait, pour y parvenir, exiler les hommes de la terre et la laisser, seule et solitaire, vaguer au travers des espaces.

*

Le famille également a subi de profondes et continuelles transformations. Après la promiscuité primitive, le matriarcat, puis la polygamie, le concubinat légal et le concubinage illégitime.

Nous vivons sous ce dernier régime et c'est à instaurer la monogamie stricte, mais volontaire, que le collectivisme s'efforcera.

De nos jours, la famille n'existe que dans des documents officiels, limitée au père, à la mère et aux enfants légitimes. En fait, la polygamie et la promiscuité sont encore florissantes, malgré toutes les apparences contraires de notre civilisation.

Le mariage est, en effet, pour les classes populaires, le plus souvent, une simple satisfaction des instincts animaux. Pour les classes fortunées, le mariage est une affaire : c'est la dot qui constitue le pivot de tous ces petits drames intimes, qui se jouent, à chaque heure, le sourire aux lèvres, innombrables et cruels.

Que devient du reste la famille contemporaine, qu'elle soit prolétaire ou ploutocrate ? Le désœuvrement des uns, le labeur des autres, délient avec une égale fatalité des liens, consacrés par monsieur le curé ou par monsieur le bourgmestre, il est vrai, mais noués uniquement par la passion ou par la rapacité.

C'est à assurer la primauté de l'amour dans les rapports des sexes que travaille spécialement le collectivisme. Égaliser d'une part les situations de manière à écarter les calculs intéressés et vils ; garantir d'autre part des loisirs, de manière à rendre plus sérieux, plus raffinés des choix destinés à devenir ainsi plus définitifs et moins précaires, telle est une des conséquences nécessaires d'une meilleure et plus équitable répartition des richesses.

Il est apparent aussi pourquoi, en une société ainsi réorganisée, l'intervention des autorités publiques entre les conjoints deviendra inutile et frustratoire. Et c'est parce que les promesses qu'ils se seront faites seront tenues par eux, que les époux considéreront comme une injure et comme une honte, la consécration officielle donnée aux mariages depuis des siècles, signe manifeste de la défiance qu'ils s'inspirent l'un à l'autre.

C'est dans ce sens que la collectivité pourra libérer les hommes et les femmes des formalités qu'elle leur impose de nos jours et proclamer la légitimité de l'amour libre.

*

La famille a, d'autre part, un but social à poursuivre. Elle est la cellule comme la collectivité est l'organisme. C'est ainsi que l'on peut affirmer que la famille est la base de la société et qu'elle en est le microcosme.

Mais si ce fait est évident et s'il n'est discuté par personne, la controverse est ardente et passionnée dès que l'on se demande si la famille remplit effectivement, dans la situation actuelle des choses, le but social qui lui est dévolu.

Or, nous affirmons que la famille contemporaine, utilitaire et égoïste, est devenue une cause de désagrégation et de discorde.

Depuis que la lutte pour la vie a été érigée en règle absolue et fatale, chaque famille combat contre toutes les autres familles, pour la primauté et la prépondérance.

Fatalement, la seule préoccupation des pères et des mères se limite au placement et au classement avantageux de leur progéniture.

L'esprit d'intrigue dont on se plaint, l'incompétence notoire et reconnue de telles individualités, hissées en telles ou telles fonctions, par l'influence de personnalités ouvertement désignées, la nécessité pour le dernier des manœuvres de se faire recommander, malgré tous ses mérites, pour obtenir la moindre place de terrassier ou de journalier, sont autant de signes tangibles d'une mésintelligence chronique entre les familles qui forment les unités ethniques ou nationales.

Un organisme social est, comme un organisme individuel, voué à une mort prochaine et inévitable, dès que les cellules qui le constituent s'insurgent les unes contre les autres et refusent, de se solidariser. C'est la putréfaction qui commence, prodrome grave de désagrégation.

Henri La Fontaine

*

Comment assurer entre ces familles la conciliation nécessaire, l'entente indispensable, la haute et affectueuse concorde ? Il suffit de réaliser l'accord pour la vie et de supprimer les circonstances qui excitent les appétits des uns au détriment de la satisfaction des appétits des uns et des autres.

Tous les moralistes et tous les sociologues sont unanimes à ce point de vue. Le mal qui a frappé successivement toutes les sociétés humaines et qui les a fait périr en des crises de douleur et de sang, c'est une inégalité trop flagrante dans la répartition des richesses sociales.

Immédiatement les familles les plus unies se dressent les unes contre les autres. Il importe pour toutes, si elles veulent survivre et s'assurer la plénitude des jouissances de la vie, de prévaloir et de vaincre. Et la guerre s'installe journalière et terrible, et toutes les forces familiales, au lieu de se diriger vers la seule production économique et harmonique des richesses, sont mobilisées vers l'unique but de s'accaparer des richesses produites.

La condition essentielle de la santé du corps social semble donc une égalité aussi complète que possible de chacune de ces cellules. Chaque famille n'a plus dès lors à se consumer en vains efforts pour se prémunir contre les attaques des autres familles. Elle peut se consacrer, sans autre préoccupation et sans gaspillage inutile, à son labeur productif et le réaliser le plus parfaitement et le plus économiquement possible. Il suffit, pour cela, que la collectivité lui assure, en échange des services rendus par elle, la satisfaction la plus entière de ses besoins légitimes.

Pour qu'il en soit ainsi, il faut que la collectivité soit riche, et il est apparent que plus elle sera riche, plus elle pourra faciliter à chacune des familles qui la constituent, l'accomplissement de son œuvre sociale.

Or, le collectivisme n'a pas d'autres prétentions : c'est de faire en sorte que toute valeur quelconque, provenue de circonstances in-dépendantes des volontés humaines individuelles, conditionnée en quelque sorte par l'ensemble des perfectionnements apportés à l'outillage industriel et économique, soit appropriée collectivement et non plus individuellement, de manière à faire participer tous les citoyens, quels qu'ils soient, à l'enrichissement général.

Quelle sera dès lors la tendance fatale et nécessaire qui se manifestera dans toutes les familles ? C'est de contribuer dans la plus large mesure possible à cet enrichissement général, dont elles seront certaines désormais de profiter pour leur part et portion.

Dès lors, toutes les familles seront réellement intéressées aux améliorations sociales et le fait que toutes seront avides de les activer, amènera une accélération du progrès humain, si vertigineuse que la rapidité avec laquelle la locomotive nous emporte, si on la compare aux lenteurs cahotantes des pataches patriarcales de jadis, semblera à nos neveux et à nos fils aussi calme que le rampement visqueux d'une limace ou d'un ver de terre.

Et voilà comment le collectivisme veut supprimer la famille ! Il veut en faire un organe altruiste d'un organisme tout imbu d'altruisme.

*

C'est avec une déloyauté non moins grande qu'on accuse les collectivistes de nourrir à l'égard de la religion un irréductible antagonisme.

C'est là une erreur manifeste, contre laquelle ont protesté tous les hommes qui se réclament du collectivisme.

Il importe, il est vrai, de distinguer entre la religion et les religions. Autant ces dernières ont été et sont encore néfastes, à raison des compétitions et des animosités qu'elles suscitent, autant la religion, comprise d'une manière rationnelle, est conciliable avec les conceptions socialistes les plus hardies.

On sait, en effet, que des collectivistes convaincus, les adeptes du socialisme rationnel, exposé et défendu par Colins avec une abnégation et une ténacité dignes du plus sérieux respect, soutiennent que les théories socialistes ne peuvent s'appuyer que sur une base religieuse.

Certes, il ne s'agit pas en l'occurrence de dogmes bizarres, de miracles et de culte, il ne s'agit d'aucune intervention, ni d'aucune autorité providentielle ; il s'agit tout simplement de savoir si la vie de chaque homme sur cette terre est unique, si elle n'est pas une vie placée entre des vies vécues et des vies futures.

Il n'est, en une telle hypothèse, rien qui puisse choquer et elle diffère suffisamment de toutes les promesses que les diverses religions ont formulées, jusqu'à ce jour pour qu'elle apparaisse comme une hypothèse respectable et avouable.

Évidemment, une telle hypothèse, réclame des justifications et des preuves, pour qu'elle puisse se transformer en loi. Il en a été ainsi de toutes les hypothèses cosmiques, physiques et chimiques, et bien que de graves motifs existent pour élever ces hypothèses à la dignité de lois incontestées, elles n'en demeurent pas moins discutables et discutées.

Tout ce que la science permet d'affirmer, c'est qu'une hypothèse à d'autant plus de titres pour devenir l'expression de la vérité, qu'elle explique plus de faits et qu'elle permet mieux de les coordonner et de les grouper.

Or, telle est la prétention des disciples de Colins : ils estiment que le matérialisme est une foi absurde, qui justifie toutes les atrocités de notre époque actuelle, qui légitime toutes les spoliations et toutes les injustices, puisqu'il proclame la survivance des plus aptes et des plus fort.

Nos contemporains sont logiques lorsqu'ils abusent de la puissance électorale ou économique, dont ils disposent, et ils ont raison de craindre la victoire économique ou politique des socialistes, s'il est vrai que ces derniers se réclameront des principes qui ont servi de justification aux actes de la bourgeoisie ploutocratique.

À une nouvelle forme sociale, il faut une nouvelle conception philosophique ; or, il est des signes nombreux qui témoignent d'une telle tendance. Il est vraisemblable qu'aux religions multiples va se substituer une science religieuse qui établira entre les humanités des planètes lointaines des liens et des rapports, comme la science ethnographique a découvert des liens et des rapports qui unissent les races humaines de cette terre.

Nous estimons qu'une telle science, loin de nuire au triomphe du collectivisme, en assurerait la définitive instauration.

*

Mais ce n'est là qu'une conviction personnelle que nous exprimons ; il est plus unanimement accepté par la plupart des socialistes que les luttes religieuses ont été un dérivatif puissant et qu'il importe dès lors de les écarter autant que faire se peut.

De telles luttes ont pour effet de diviser les masses ouvrières et d'éterniser ainsi la domination des riches sur les pauvres.

Il leur suffit d'exciter ces derniers les uns contre les autres, pour continuer à les exploiter à merci.

Il serait dès lors de maladroite diplomatie de rééditer les vieilles querelles confessionnelles. Que les adversaires du collectivisme essaieront par des mesures législatives de susciter à nouveau de telles disputes, il n'en faut pas douter : c'est la seule chance qu'ils possèdent encore de régner.

Certes, les collectivistes s'efforceront d'entraver ceux qui, sous prétexte de religion, voudront s'emparer de la direction politique de la société, mais ils ne les combattront pas parce qu'ils ont des opinions religieuses, mais parce qu'ils poursuivent l'accaparement des richesses.

Il leur sera aisé de montrer que les croyances religieuses n'ont rien de commun avec la répartition des biens de ce monde et que cette répartition se fait au profit, le plus souvent, de gens fort peu religieux. Il suffira de prouver, et combien aisément, que les personnes les plus assidues aux offices ne sont pas précisément les mieux lotis au point de vue de la fortune, tandis que des criminels notoires ont les poches pleines d'or et s'en servent pour scandaliser leurs compatriotes.

On établira que le paysan catholique s'appauvrit et que c'est au profit du gros industriel ou du gros notaire catholique que sa spoliation se poursuit. Si réellement la doctrine chrétienne était ici en jeu, de telles inégalités ne pourraient se produire. Du reste, la religion a pour objet la vie future ; son royaume n'est pas de ce monde. Dans ces conditions les collectivistes ne doivent avoir qu'un désir : écarter les questions religieuses et ne s'appesantir que sur les questions économiques.

Où est, en une telle attitude, l'hostilité à la religion ?

IX

Le luxe ! Les adversaires du collectivisme affirment, avec des pleurs dans la voix et les bras tendus vers le ciel, que ce régime doit supprimer le luxe, comme il supprimera la propriété, la famille, la religion !

Il importe toujours de distinguer : il y a luxe et luxe, il y a un luxe malsain et néfaste, il y a un luxe légitime et nécessaire.

Le malheureux, qui se décide à couvrir de tuiles sa chaumière au toit de paille, fait une dépense de luxe, comme celui qui remplace par un matelas la paillasse de son lit, comme celui qui remplace ses escabeaux par des chaises, ses sabots par des souliers, son bonnet de coton par une casquette.

Tout objet qui satisfait un besoin d'une manière plus complète ou plus agréable, devient un objet de luxe si on le compare à l'objet moins parfait ou moins utile auquel il est substitué.

Interdire un tel luxe, le stigmatiser et le honnir c'est se gendarmer contre le progrès, inévitable et fatal comme la révolution des astres ou le flux des mers.

Mais le luxe devient odieux et criminel dès qu'il ne satisfait plus un besoin essentiel ; dès qu'il a pour unique mobile de satisfaire la vanité ou l'orgueil de celui qui l'affiche.

Dès que le luxe a pour but de symboliser et d'extérioriser en quelque sorte les richesses d'un individu, il devient le plus épouvantable instrument de démoralisation.

Pour pouvoir affubler sa femme de dentelles pareilles à celles dont s'affuble la femme de tel ou tel milliardaire, il est des hommes capables de commettre tous les crimes, de condescendre à toutes les turpitudes.

*

Et jamais ils ne songent à toutes les tristesses accumulées en ces choses follement chères, ils ne se doutent pas que ce sont des pauvresses, guettées par la phtisie, qui ont tissé, pendant de longues, de longues heures, pour quelques sous dérisoires, ces étoffes de féerie.

Ils ne savent pas que les diamants dont ils ornent leur doigt sont arrachés à la terre par des mineurs faméliques, que l'on soumet à des purges régulières pour ne pas perdre les pierres précieuses qu'ils pourraient avoir avalées.

Ils ignorent, ces ignorants, qui croient tout pouvoir ignorer parce qu'ils sont riches, comme les nobles ignoraient tout jadis parce qu'ils étaient nobles, ils ignorent les souffrances des plongeurs qui, sous les tropiques, vont arracher aux vagues, au péril de leur vie, les huitres dont les perles s'étalent en rangées opalines sur les épaules de péronnelles insolentes ou fates.

Et les tisseurs qui surent dans les ateliers où se fabriquent les soieries, les tulles et les batistes, pour des salaires de famine ! Et les miséreux qui élèvent les vers à soie et ceux qui rouissent le lin au détriment de leur santé !

Oui, tout ce luxe est horrible : il est fait de peines, de haines, de grincements de dents, de privations et de supplices sans nom. Ce luxe, que l'on ose vanter, sent la fièvre, le typhus et la malaria ; il faut à cette fleur un fumier de cadavres.

Ce luxe n'existera plus en régime collectiviste parce qu'il n'existera plus un seul homme, et surtout une seule femme qui consente à jouir d'une jouissance achetée au prix d'une douleur.

Nul ne voudra qu'un objet de joie pour lui ait été un objet de peine pour autrui.

Et telle sera la règle, simple et claire, qui permettra de distinguer le luxe légitime du luxe coupable.

*

Mais si tout ce luxe stupide et insolent des brocarts et des bijoux sera à jamais banni et méprisé, il est un luxe dont l'humanité sera prodigue et à la réalisation duquel elle consacrera de constants et de grandioses efforts ; c'est le luxe intellectuel.

Il faudra que tous les cerveaux soient ornés de mille souvenirs, de mille émotions, il faudra que toutes les conversations soient intéressantes et que les hommes aient un désir permanent de frayer avec les hommes ; il faudra que sous toutes les latitudes, toutes les langues soient parlées et que les œuvres des génies deviennent réellement des œuvres universelles.

Et ce luxe intellectuel aura son action directe et puissante sur le choix des moindres attitudes.

Dès maintenant il est aisé de constater combien les formes des choses les plus usuelles tendent à se perfectionner, quelle préoccupation est née chez des gens qui se croient des réactionnaires et que l'ambiance guide et pousse malgré eux, de produire à bon marché des meubles aux profils curieux et rares.

Cette tendance, inconsciente et déraisonnable, si l'on songe à la répartition injuste et monstrueuse des richesses actuelles, va se précipiter et se préciser dès que le régime collectiviste sera triomphant.

Et des villes surgiront qui seront des œuvres d'art collectif, avec des perspectives imprévues, aussi diverses de nos cités horribles avec leurs vues identiques, aux allures de prison et de couvent, qu'une cathédrale gothique diffère d'une masure en torchis.

X

On s'imagine aussi volontiers que le collectivisme exaltera la paresse et que les hommes n'auront plus qu'un désir, celui de se coucher ou de s'asseoir.

C'est là juger du régime, que nous appelons de toutes nos espérances, d'après le régime que le développement des richesses a imposé à la société moderne. C'est actuellement que nous voyons la paresse imposée, avec des grincements de dents, par des foules de travailleurs sans travail.

Nos adversaires n'ignorent pas cependant que le précepte, inscrit au début de tous les programmes collectivistes, édicte que celui qui ne travaillera pas, ne mangera pas.

*

Il y a du reste un motif plus péremptoire pour que les craintes qu'on exprime apparaissent illusoires et vaines : c'est qu'une organisation sociale, comme le collectivisme, basée sur la coopération quotidienne et permanente des citoyens, fera du travail la plus haute manifestation du devoir envers soi et envers ses semblables.

Il suffit de constater la passion avec laquelle, dans des services publics, dès maintenant régis par la collectivité en régime autoritaire, certains individus se sacrifient et se dépensent sans compter, pour juger de ce que l'humanité a le droit d'attendre des hommes.

Si des chefs de gare, des agents des postes, des receveurs des accises, des douaniers, des cantonniers, se dévouent et s'exaltent pour ne récolter que l'approbation d'un directeur ou d'un inspecteur, avec quel dévouement ils se dépenseront lorsque le moindre acte du dernier des ouvriers constituera pour lui un titre de reconnaissance auprès de ses compagnons de travail. De nos jours, un tel acte n'est que trop souvent considéré comme un acte de flatterie envers un patron ou un acte de concurrence aux dépens des compagnons d'atelier, et chacun ne fait trop souvent que strictement le labeur qui lui a été assigné.

Le besoin d'activité qui dévore les hommes est du reste trop impérieux pour qu'ils puissent y résister.

Aussi dès que la paresse est devenue une situation normale pour un individu, il cherche à appliquer ses facultés à des besoins factices ou exaltés : boire, manger et dormir ne sont que des fonctions passagères. Il est pourtant des individus, qui s'ingénient pour la satisfaction de leur soif et de leur faim, à trouver des raffinements inédits. Et c'est ce qui explique le succès de certains restaurants, fréquentés par les beaux messieurs et les belles dames de la haute pègre.

C'est parmi ces paresseux de la haute noce que nous trouvons encore les protecteurs des courses, les protagonistes de la chasse, les habitués des cercles et des maisons de jeu. Il faut à leur cerveau et à leurs membres des occupations indispensables, poussés qu'ils sont par l'inéluctable nécessité de dépenser les forces qu'ils ont accumulées en eux.

C'est du travail inutile, c'est du travail stérile et souvent néfaste ; mais c'est la malédiction qui les frappe parcequ'ils sont paresseux.

Celui qui ne sait pas employer son intelligence et son énergie d'une manière productive, est condamné à appeler sur lui l'attention des miséreux et à inciter leur envie par ses frasques et par ses parades. C'est la justice des choses qui les contraint à se promener en triomphateurs au travers de leurs plaisirs coupables et à se signaler ainsi à l'animadversion et à la vindicte publiques.

Ainsi ont péri les hommes de la décadence romaine et de la décadence féodale, pour avoir vécu en paresseux au milieu de masses astreintes au travail. Ainsi périra la ploutocratie moderne.

En régime collectiviste, la collectivité sera seule vraiment milliardaire.

L'impossibilité pour les individus d'accumuler des richesses, qui ne soient pas le résultat de leurs efforts personnels, les mettra à l'abri des tentations auxquelles, au cours des évènements historiques, les privilégiés de la fortune ont successivement succombé.

Ne sera paresseux que celui qui voudra se contenter de coucher sur la dure et de manger du pain sec : un tel paresseux ne pourra faire du mal à personne, car il lui sera difficile d'entretenir des chevaux, de séduire des filles et d'enrichir des tripots.

S'il y a des paresseux, en régime collectiviste, c'est que, par atavisme, le cénobitisme aura conservé quelques adeptes. On les entourera sans doute, à ce titre, de quelque considération, mais nous doutons que le nombre de ceux, qui se contenteront d'une pitance aussi maigre, soit de nature à inquiéter la société collectiviste.

XI

Liberté, égalité, fraternité ! Cette triple affirmation a servi de principe à l'évolution séculaire de la bourgeoisie. Et voilà soudain qu'elle renie l'égalité et la fraternité, pour ne se souvenir que de la liberté et la déclarer en péril,parceque le collectivisme est né.

C'est là une terreur injustifiée, car si le collectivisme n'était pas libertaire et libérateur, il serait vaincu dès son triomphe et détruit pas ceux qui l'auraient instauré. L'humanité, en effet, depuis ses origines, va vers plus de liberté, et de l'esclavage a marché vers le servage et du servage vers le prolétariat. Chacune de ces étapes a assuré, à une quotité d'hommes chaque fois plus grande, une plus grande somme de liberté.

Cette liberté, il est vrai, a diminué la puissance coërcitive et autoritaire des classes qui détenaient le pouvoir. Il est apparent que le despote antique avait sur ses sujets des droits de vie et de mort, que le seigneur féodal n'a plus possédés sur ses serfs, ni le chef d'industrie sur ses ouvriers. Ces droits de vie et de mort, le seigneur féodal et le chef d'industrie les ont exercés pourtant, mais d'une manière de plus en plus indirecte et de plus en plus inefficace. Le collectivisme a pour but immédiat de libérer entièrement et définitivement les travailleurs de cette sujétion terrible.

Au cours des temps aussi, la liberté d'aller et de venir s'est accrue au profit des hommes. Les esclaves ne circulaient que les entraves aux pieds et ne connaissaient des cités que les marchés où l'on trafiquait de leur peau. Les serfs ont été attachés à la glèbe, et s'ils n'étaient pas vendus individuellement, ils étaient cédés comme des accessoires du sol ; pourtant, ils se libérèrent de ce joug, mais à la fin du siècle dernier un citoyen ne pouvait quitter que difficilement le territoire national. Depuis lors, les prolétaires peuvent se déplacer, mais combien d'entraves encore leurs ressources restreintes et leur ignorance des langues, des usages et des mœurs mettent à leur libre circulation. Par la diffusion d'un enseignement intégral, par la majoration des salaires, le collectivisme assurera enfin à tous un droit égal à parcourir la terre et en fera vraiment le patrimoine commun des hommes.

*

Il suffit de visiter certaines contrées, où déjà le sol est approprié par des collectivités locales, cantonales ou communales, pour voir la libération des individus s'affirmer avec une intensité vraiment curieuse et réconfortante. Que peut un patron ou un propriétaire sur un paysan qui, chaque année, obtient sa part de bois de la forêt collective, qui peut envoyer paître sa vache et sa chèvre sur le pré communal, qui possède un four banal pour cuire son pain, qui a pour vivre enfin, lui et les siens le droit de louer à bas prix une portion du territoire de sa commune. Ce paysan parle et agit librement : le droit de l'affamer ou de le diffamer expire au seuil de sa demeure. Or, le collectivisme a pour idéal d'assurer à tous cette égale liberté. Comme il y a eu des affranchis sous le régime de l'esclavage, comme il y a eu des bourgeois échappés au régime du servage, il y a des citoyens qui, sous le régime du prolétariat, jouissent déjà des avantages du régime collectiviste.

C'est cette circonstance, qui s'est reproduite à toutes les époques, qui assure aux idées nouvelles leur force de pénétration. Il n'y a rien de tel, pour persuader les incrédules et les rétrogrades, que des exemples décisifs et des faits réalisés.

Oser soutenir que le collectivisme verra succomber et périr la liberté, c'est fermer volontairement les yeux à la lumière. Que des intéressés s'efforcent de tromper à ce sujet des gens ignorants ou confiants, c'est là une tactique déloyale, trop simple pour qu'ils n'en fassent pas un usage immodéré. Si leur conscience n'est pas oblitérée, elle les jugera plus sévèrement que nous et nous nous contentons de ce jugement.

L'œuvre que nous avons à accomplir est plus fière et plus pure que de nous ériger en justiciers. Nous sommes les défenseurs de la justice intégrale. La liberté ne sera assurée à tous que par le collectivisme : elle ne peut exister effectivement que si les charges sociales sont réparties entre les citoyens proportionnellement à leurs ressources et si les ressources sociales, de plus en plus considérables, permettent à chacun de détenir une plus large part des richesses de ce monde, matérielles et intellectuelles.

Il est évident que là où les impôts frappant les riches dans leur superflu, au lieu de frapper, comme aujourd'hui, par les impôts de consommation, les pauvres dans leur nécessaire, la liberté de ces derniers sera accrue.

Il est évident que si les moyens de communications sont multipliés et s'ils sont mis, à un prix toujours plus réduit, à la disposition des plus humbles, la liberté des miséreux sera augmentée.

Il est évident que si les écoles sont multipliées partout et si elles permettent aux plus misérables de recevoir une instruction complète, sans bourse délier, leur liberté sera plus grande et leur liberté sera plus réelle.

Tout cela le collectivisme peut seul le réaliser, puisque c'est au profit de tous que l'outillage industriel et agricole sera détenu par la collectivité. Les revenus de cet outillage, qui vont actuellement dans la poche de quelques propriétaires et de quelques actionnaires, permettront au gouvernement collectif de créer des écoles, de supprimer des impôts, de développer les routes, les voies ferrées et les canaux, et d'en assurer l'usage à tous, pour des prix dérisoires et souvent gratuitement.

Si ce n'est pas là assurer à tous la liberté, nous demandons comment il faut la définir et la déterminer.

*

Il résulte de ce que nous venons de dire, que la liberté vraie, telle que le collectivisme prétend l'assurer à tous, n'est plus incompatible avec l'égalité et la fraternité, telles que le christianisme les a proclamées.

En vain, au cours des siècles, ces mots ont été répétés : les conditions économiques ont mis obstacle à ce que l'égalité et la fraternité se réalisent en ce monde. Mais l'heure est proche, où il sera possible de laisser s'asseoir tout homme au banquet de la vie. Les méthodes, dès ce jour, découvertes et appliquées permettent de nourrir tout homme à sa faim et de l'abreuver à sa soif. Le miracle de la multiplication des pains est désormais, un miracle banal.

La terre n'attend plus que la bonne volonté des peuples pour donner avec prodigalité et donner sans épuisement, tout ce qui peut aider à satisfaire les besoins les plus exaltés.

Il suffit de vouloir, pour que l'abondance actuelle, qui provoque des crises de pléthore, mille fois plus pénibles et plus contradictoires que les crises de misère et de famine des siècles écoulés, assure à chaque homme, à la sueur de son front, son pain quotidien.

Il semble qu'une telle œuvre devrait éveiller les enthousiasmes des plus indifférents et provoquer entre ceux qui gouvernent une émulation fiévreuse. Il n'en est rien pourtant : ils renient l'égalité et la fraternité, acclamées par eux, pour conserver la liberté précaire et cruelle d'exploiter leurs semblables et de s'enrichir à leurs dépens, au lieu de s'enrichir avec eux.

Ce serait à désespérer des hommes, si l'histoire, hélas, n'était le récit de leurs erreurs, de leurs égoïsmes, de leurs résistances. Toujours il a fallu lutter, et les récoltes ne semblent vouloir pousser que sur un sol abreuvé de sang humain.

Il serait si facile pourtant de s'aimer les uns les autres et de se conduire en frères d'une vaste et unique famille. Assez de pleurs ont rougi assez de yeux. Nous osons espérer que ce sera parmi des cris de joie, des sourires et des chansons que le vingtième siècle, qui va commencer, verra s'ouvrir le règne humain du collectivisme.

Si ces quelques pages succinctes peuvent y avoir aidé, dans une faible mesure, notre plus intime désir se trouvera accompli.

FIN

ISBN : 978-1523892976

Henri La Fontaine